Maurice FERRUS

Le TOURISTE à BORDEAUX

guide pratique illustré

BORDEAUX
PRIMERIES G. GOUNOUILHOU
9, rue Guiraude, 9
1927

1 fr. 50

Aux Quatre Frères

24 et 26, rue Saint-James

BORDEAUX

Téléphone 13.78

ROBES - MANTEAUX

TAILLEURS

Confectionnés et Haute Couture

LINGERIE - BONNETERIE
GANTERIE - BLANC
SOIERIES - LAINAGES
HAUTES NOUVEAUTÉS

MAURICE FERRUS

Rédacteur à « La Petite Gironde »

LE TOURISTE A BORDEAUX

GUIDE PRATIQUE ILLUSTRÉ

BORDEAUX

IMPRIMERIES GOUNOUILHOU

9-11, rue Guiraude, 9-11

1927

GRANDS MAGASINS
D'AMEUBLEMENT
Leveilley Freres
64 à 70, Rue du Palais Gallien
BORDEAUX
TÉLÉPHONE 14-12
Livraison franco par Auto

AVANT-PROPOS

Les touristes venus à Bordeaux se classent en deux catégories : les voyageurs « à temps limité » et les « indépendants ». Les premiers veulent voir la ville rapidement ; les seconds tiennent à la visiter en détail.

Les cochers, prenant des étrangers dans leurs voitures, s'informent tout de suite du désir de leurs clients auxquels, suivant la réponse reçue, ils font voir ou visiter la capitale de la Guienne.

Les voyageurs « à temps limité » sont de beaucoup les plus nombreux, dans la proportion de huit sur dix. Un itinéraire a été prévu pour eux par les cochers. Le présent Guide pratique suit cet itinéraire très judicieusement établi, d'ailleurs, car il emprunte les principales artères où sont les plus beaux édifices civils ou religieux. Des explications brèves, mais suffisantes accompagnent l'énumération de ces monuments.

Nous avons ensuite mentionné en bloc les curiosités restant à voir pour les voyageurs indépendants.

Enfin une courte notice « Bordeaux à vol d'oiseau » renseignera vite les étrangers sur le glorieux passé de cette ville.

SUPÉRIORITÉ RECONNUE
CAFÉS
MASSET
142
RUE Ste CATHERINE
·BORDEAUX·

7. La rade et le pont de pierre.

MONUMENTS OU CURIOSITÉS

placés sur l'itinéraire généralement suivi par les cochers en partant de la gare Saint-Jean ou du Midi.

1. **Gare Saint-Jean.** — La construction de cet édifice a été commencée en 1889; le pavillon d'arrivée fut inauguré en 1892. Le hall, qui a 300 mètres de longueur sur 60 de largeur, recouvre cinq trottoirs parallèles entre lesquels passent les grandes lignes. Des couloirs souterrains relient chaque trottoir au quai où se trouvent l'entrée et la sortie des voyageurs.

PLACE SAINTE-CROIX :

2. **École des Beaux-Arts.** — Cette École, dont la création remonte à 1690, est installée depuis 1890 sur l'emplacement de l'ancienne abbaye de Sainte-Croix.

3. **Fontaine Sainte-Croix.** — Dans le jardin de l'École des Beaux-Arts, fermé par une grille, on aperçoit, adossée à des restes des remparts, une fontaine

bâtie, croit-on, en 1735, et dont les principales dispositions rappellent la façade des églises du XVIIe siècle.

4. Église abbatiale Sainte-Croix. — A remarquer les motifs décoratifs garnissant les voussures du portail et de la fausse porte, à gauche, pour le spectateur. Cette iconographie stimule la curiosité des archéologues. Les voûtes de l'église paraissent être de la fin du XIIIe siècle; les piliers qui les supportent présentent des parties romanes et gothiques. Sainte-Croix renferme des tombeaux arqués très anciens et d'intéressants tableaux. La façade a été restaurée par Abadie, l'architecte du Sacré-Cœur de Montmartre, à Paris.

LES QUAIS :

5. La porte de la Monnaie. — Édifiée en 1752. On la désignait alors Porte-Neuve; plus tard, elle prit le nom de porte de la Monnaie, parce qu'elle s'ouvre dans l'axe de la rue conduisant à l'hôtel des Monnaies, bâti par l'intendant de Tourny et inauguré en 1757.

6. Le bateau-soupe. — C'est en quelque sorte le restaurant des malheureux. Ils y sont hébergés sans bourse délier. On y accueille aussi les femmes pauvres allaitant des bébés. Le bateau-soupe a été construit après 1911, avec la somme laissée à cet effet par Osiris, financier et philanthrope israélite, né à Bordeaux en 1828.

7. Le pont de pierre. — Sa construction fut décidée par décret de Napoléon Ier, signé à Saint-Cloud le 26 juin 1810. La première pile a été posée en 1811. Le pont fut livré au public le 29 septembre 1821; il y avait un droit de péage qui cessa en 1861. Le pont de pierre, longtemps considéré comme un des plus beaux d'Europe, compte dix-sept arches. Il a 486 m. 68 de longueur sur 14 m. 86 de largeur entre les parapets. Il a coûté 6.850.000 francs. Il est l'œuvre de l'ingénieur Deschamps et de son gendre Billaudel.

PLACE CANTELOUP :

8. L'église Saint-Michel. — Elle est regardée comme une magnifique réalisation de la pensée gothique. Elle a trois nefs. On y remarque plusieurs œuvres d'art, entre autres un retable Renaissance d'une riche décoration et une sculpture du XVᵉ siècle montrant *Sainte Ursule et les onze mille vierges.*

9. **La tour Saint-Michel.** — Commencée en 1472, elle fut achevée vingt ans plus tard. En septembre 1768, un ouragan renversa la flèche. Abadie fut chargé, en 1861, de la restauration de cet édifice, qui a 23 mètres de largeur à sa base et 109 mètres de hauteur. Vauban estimait que le clocher Saint-Michel « était une des plus belles pièces d'Europe ». Chacun des six contreforts est surmonté d'une statue. Une de ces figures représente Arnaud de Canteloup, qui succéda, comme archevêque de Bordeaux, à Bertrand de Goth, son oncle, devenu pape sous le nom de Clément V.

9. La tour Saint-Michel.

10. **Les momies de Saint-Michel** (¹). — Il y en a soixante-dix, rangées en cercle dans une chapelle

(1) Demander à la gardienne du caveau la plaquette *Les Momies de Saint-Michel,* par Maurice FERRUS. Prix 2 francs.

de style gothique construite sous la tour. Elles proviennent de l'ancien cimetière paroissial, dont une partie du sol avait la propriété de dessécher les corps. Les momies de Saint-Michel sont célèbres dans le monde entier. Elles constituent une curiosité sans pareille. On cite parmi leurs visiteurs Flaubert, Victor Hugo, Théophile Gautier, Jules Claretie.

COURS VICTOR-HUGO :

11. **Le Lycée national.** — Il occupe les bâtiments de l'ancien collège de la Madeleine, fondé en 1572 et que dirigeaient les Jésuites. La façade a été complétée au XVIIIe siècle; on y voit huit médaillons avec les portraits de Molière, Descartes, Montaigne, Montesquieu, Cuvier, Pascal, Lavoisier et Ampère.

12. **Église Saint-Éloi.** — Édifice de la dernière période gothique. La façade a été refaite en 1825 par l'architecte Poitevin. Il y a un joli clocher, mais, pour l'apercevoir, il faut s'engager dans une petite rue voisine. L'église Saint-Éloi garde les cendres du savant Élie Vinet, qui, le premier, écrivit sur les antiquités bordelaises.

Au carrefour formé autrefois par le croisement du cours Victor-Hugo et de la rue Saint-James était une place où l'on plantait « le may », symbole de la puissance des jurats, et où l'on allumait les feux de Saint-Jean.

Rue Saint-James, à droite, après avoir franchi la porte de la Grosse Cloche, on aperçoit les fameux magasins des *Quatre Frères*, dont la réputation est universelle.

13. **La Grosse Cloche.** — La porte de la Grosse Cloche constituait, jadis, le beffroi de l'hôtel de ville. Elle a été construite au XIIIe siècle. Les deux tours.

à toit conique, encadrant un petit dôme, surmonté d'un lion doré, datent de 1449. Elles renferment plusieurs cachots. La Grosse Cloche, qui a deux mètres de hauteur et pèse 7.750 kilogrammes, a été mise en place le 3 septembre 1775. Liée autrefois à la vie municipale, elle ne sonne guère plus, maintenant, qu'à l'occasion de la Fête nationale.

14. Le Grand Marché. — Il est formé de trois pavillons édifiés entre 1864 et 1870. Il fut inauguré le 16 mars 1869, alors que deux seulement des pavillons étaient construits. Le Grand Marché couvre une superficie de 6.900 mètres carrés. Dans le sous-sol : 312 serrages et une glacière de 110 mètres cubes.

15. La Synagogue. — Elle se dresse rue Labirat, au bout de la rue Honoré-Tessier ; on l'a inaugurée le 5 septembre 1882. Œuvre de Charles Durand, architecte bordelais.

13. La grosse cloche.

16. La Faculté des sciences et des lettres. — Construite de 1881 à 1886, sur les plans de Durand. Trois bas-reliefs ornent la façade. Dans le vestibule, élégant et spacieux, le tombeau de Montaigne, l'immortel auteur des *Essais*, maire de Bordeaux en 1581.

★ ★

PLACE DE LA RÉPUBLIQUE :

17. **Le monument commémoratif.** — On y lit cette inscription : « Aux enfants de la Gironde morts pour la patrie en 1870-1871. » Un cheval porte un génie ailé soutenant un soldat tombé glorieusement. Sur le socle, des panneaux en bronze. L'un représente la mort du commandant Arnould, du 5e bataillon des mobiles, tué, en 1871, au combat de Chanteloup. Ce monument est dû au sculpteur bordelais Achard. Inauguré le 10 septembre 1913 par M. Poincaré, président de la République.

19. Le Palais de justice.

18. **Hôpital Saint-André.** — Construit par Jean Burguet et livré en 1829. La partie centrale de la façade montre un péristyle aux colonnes doriques avec fronton triangulaire. Sous ce péristyle s'ouvre la chapelle de l'hôpital, surmontée d'une coupole.

L'hôpital Saint-André occupe l'emplacement de l'ancienne plate-forme de l'Ormée, célèbre dans l'histoire bordelaise. C'est là que les factieux se réunissaient pour comploter.

19. **Palais de justice.** — Commencé en 1838, achevé en 1846. La façade, qui se développe sur une longueur de 145 m. 67, est formée de deux bâtiments latéraux encadrant un portique en retrait sur deux motifs saillants. Le portique présente douze colonnes

cannelées d'une hauteur de 9 mètres et d'un diamètre de 1 m. 50. Ces colonnes appartiennent à l'ordre dorique grec. Les motifs saillants sont décorés de quatre statues : à droite, Malesherbes et d'Aguesseau ; à gauche, Montesquieu et L'Hospital. Ce monument est l'œuvre de Thiac, architecte bordelais.

21. Le fort du Hâ : La tour anglaise.

COURS D'ALBRET :

20. **L'Hôtel de l'administration des Hospices civils.** — Un pavillon à colonnes ioniques supportant une coupole marque l'entrée de cet édifice, élevé entre 1780 et 1787.

21. **Le fort du Hâ.** — Citadelle bâtie en 1456, sur l'ordre de Charles VII, pour maintenir les Bordelais dans l'obéissance et défendre en même temps

la ville contre une attaque ennemie. Il en subsiste deux tours englobées dans la prison départementale. Une de ces tours a deux angles du côté intérieur et elle est arrondie du côté extérieur, d'où son nom de « tour en fer à cheval ». Du cours d'Albret, à l'angle de la rue Dufau, on aperçoit la partie supérieure de cette tour, belle évocation d'une époque lointaine.

22. **Le Rectorat.** — Il est installé depuis 1887 dans l'hôtel bâti, en 1778, pour la famille de Basquiat, par Lhôte, architecte bordelais. L'Université de Bordeaux a été instituée par un rescrit du pape Eugène, le 7 mai 1441, à la demande des jurats, appuyée par Pey-Berland, archevêque de Bordeaux.

23. **L'hôtel de Poissac.** — Élevé sous Louis XVI, il est devenu la propriété de M. Georges Guestier. La porte, à colonnes toscanes et à fronton coupé, est du XVIIe siècle. C'était celle de l'hôtel Pichon, qui était situé cours de l'Intendance, sur l'emplacement de la Belle Jardinière. M. Guestier l'acheta pour en orner l'entrée de sa somptueuse résidence, où sont réunis une foule de livres et d'objets d'art.

24. **Le jardin de la Mairie.** — Lieu reposant et charmant. On y remarque de belles statues de marbre se dressant au bord des allées, ou surgissant de verdoyantes pelouses.

25. **Le Musée de peinture et de sculpture.** — Au nord et au sud du jardin de la Mairie, il y a deux longues galeries élevées de 1871 à 1881, et constituant le Musée de peinture et de sculpture. La galerie sud est réservée aux œuvres anciennes; la galerie nord est garnie d'œuvres modernes.

26. **La statue de Louis XVI.** — Elle est en quelque sorte emprisonnée dans la galerie sud du Musée. Il faudrait, en effet, creuser une ouverture dans le mur pour la sortir de la galerie. Cette statue monumentale en bronze a été fondue à Paris en 1829. Elle a 6 m. 50 de hauteur, 3 m. 65 dans sa plus grande largeur et pèse 30.000 kilogrammes. On la transporta à Bordeaux sur un chariot spécial que tiraient vingt chevaux de trait. Des raisons politiques ont empêché l'érection de cette statue sur une place publique.

PLACE PEY-BERLAND :

27. **Hôtel de Ville.** — On l'appelle aussi palais Rohan, parce que c'est l'archevêque prince de Rohan qui le fit construire, de 1775 à 1778, par Bonfin et Étienne. Cet édifice servit d'abord de résidence archiépiscopale; il fut ensuite hôtel du Département (1790) hôtel de la Préfecture (1800), Palais impérial (1808), Château-Royal (1814). La mairie en prit

27. L'Hôtel de ville.

possession en 1835-1836. Ce superbe monument a abrité Napoléon Ier, Joséphine, le duc d'Angoulême, Napoléon III, etc.

28. **Cathédrale Saint-André.** — Édifice commencé au XIIe siècle. Il a, dans œuvre, 124 mètres de longueur sur 18 de largeur; la clé de voûte au chœur est à 29 mètres La porte nord du transept est une pure merveille. Les pieds-droits sont garnis de statues de cardinaux. Dans le trumeau, la figure du pape Clément V, originaire d'Uzeste (Gironde). Tout près de la porte nord est une autre porte fermée et dite « Porte Royale » (XIIIe siècle). On y voit les statue

des apôtres; le linteau présente une *Résurrection des morts*. La cathédrale renferme de magnifiques tableaux et les tombeaux des cardinaux de Cheverus, Donnet, Lecot, etc. Louis XIII s'y maria avec Anne d'Autriche le 25 novembre 1615.

28. La cathédrale Saint-André.

Les deux flèches ont 85 mètres de hauteur. La porte regardant la place Rohan s'appuyait autrefois sur le mur de la ville; c'est pourquoi il n'y a aucun motif décoratif.

29. **La tour Pey - Berland.** — Haute de 48 mètres, cette tour porte le nom de l'archevêque Pierre ou Pey Berland, qui en posa la première pierre en octobre 1440.

Elle supporte une énorme statue en cuivre doré de Notre-Dame d'Aquitaine. Le bourdon de Pey-Berland, inauguré en 1853, pèse 11.250 kilogrammes.

LA PLACE PIERRE-LAFFITTE :

30. « **Gloria Victis.** » — Reproduction en bronze de l'œuvre célèbre de Mercié.

31. **La Caisse d'épargne.** — Sa création remonte à 1818; c'est la première fondée en province. L'immeuble qu'elle occupe place Pierre-Laffitte, depuis 1846, fut l'objet d'une réfection complète en 1881

RESTAURANT
MAISON DE FAMILLE **"Chez le Chef"**

57, rue Huguerie (près place de Tourny)

Seul établissement dans le centre possédant grand jardin d'été
avec charmilles et salles à manger.

CUISINE ET CAVE RENOMMÉES

Prix fixe : 9 francs
et service à la carte. **Comme chez soi.**

et modifié, une fois encore, très heureusement, il y
a une vingtaine d'années.

RUE VITAL-CARLES :

32. Le Quartier général. — L'hôtel du commandant en chef du 18e corps a été construit entre 1883
et 1885.

33. Hôtel particulier du préfet. — Ce fut d'abord
l'hôtel du Gouvernement. C'est là que résidait le
maréchal duc de Richelieu, gouverneur de la Guienne,
qui fit son entrée à Bordeaux le 4 juin 1758. Entre
1860 et 1865, ce palais devint celui des archevêques.
Depuis la loi de séparation, il sert de domicile particulier au préfet, qui y reçoit les ministres de pas-
sage à Bordeaux.

34. La porte Dijeaux. — Élevée en 1746, à l'extrémité ouest de la rue Porte-Dijeaux, sur les plans
de l'architecte Portier. La sculpture, due en partie
à Claude Francin, et qui avait été endommagée, fut
restaurée en 1864.

35. La place Gambetta. — A l'extrémité ouest
du cours de l'Intendance. On l'appelait autrefois
place Dauphine. Elle fut inaugurée le 17 mai 1770.
La façade des maisons est uniforme. Pendant la Révolution, la guillotine resta en permanence, sur cette
place qui avait été baptisée alors « place Nationale ».
304 personnes y furent exécutées, parmi les quelles
les fameux Girondins Guadet, Salles, Barbaroux et
Grangeneuve; Duranthon, ministre de la justice sous
Louis XVI; le procureur général Dudon; Lacombe,
qui avait été président du tribunal révolutionnaire
à Bordeaux, etc.

Le square fut établi vers la fin du second empire.

COURS DE L'INTENDANCE :

36-37. La maison de Goya. — L'illustre peintre
espagnol Goya a vécu et est mort, le 16 avril 1828,
dans la maison 57, cours de l'Intendance, en face
de la rue Vital-Carles. Un médaillon contenant son

portrait est fixé sur la façade de l'immeuble. Les restes de Goya, inhumés d'abord au cimetière de la Chartreuse, ont été transférés, en 1898, au Panthéon de Madrid.

RUE SAINTE-CATHERINE :

Ainsi nommée parce qu'il y avait une chapelle de l'Ordre de Malte, dédiée à Sainte Catherine. Elle a 1.145 mètres de long sur 10 de large. C'est la plus commerçante de Bordeaux.

On y voit les vastes magasins des *Dames de France*; les touristes peuvent admirer de la terrasse de l'*annexe rue Porte-Dijeaux*, — point central de Bordeaux, — l'incomparable panorama du port et de la ville.

On remarque au n° 142, des magasins d'une décoration sobre, mais fort artistique. Ce sont ceux de la grande caféterie *Masset*, dont les produits si appréciés à Bordeaux, sont expédiés dans toute la France par colis postaux.

PLACE DE LA COMÉDIE :

38-39. **Le Grand-Théâtre.** — Un des plus beaux du monde. Il a été construit par l'illustre architecte Louis et fut inauguré le 8 avril 1780. La façade principale est formée de douze colonnes corinthiennes

39. Le Grand-Théâtre.

supportant un entablement et une balustrade que
dominent douze statues représentant les Muses et
les Grâces. Garnier, architecte de l'Opéra de Paris,
était un admirateur de l'escalier et de la salle du
Grand-Théâtre.

COURS DU CHAPEAU-ROUGE :

40. **L'îlot Bonnaffé.** — On désigne sous ce nom
le vaste immeuble bordé par le cours du Chapeau-
Rouge, les rues Sainte-Catherine, de la Maison-Dau-
rade et des Piliers-de-Tutelle, et que fit bâtir, après
1780, François Bonnaffé, riche armateur de Bordeaux. La maison Bonnaffé est l'œuvre de l'architecte
Laclotte, qui était très jaloux de la gloire de Louis.
Il résolut d'élever la maison de l'armateur de manière
à lui faire dominer la terrasse du Grand-Théâtre, et,
comme on lui en demandait la raison : « Boli l'es-
crasat » (je veux l'écraser), dit-il.

41. **La Préfecture.** — Somptueux hôtel bâti par
Louis pour Saige, avocat général au Parlement de
Bordeaux. Il regarde le cours du Chapeau-Rouge,
les rues Louis et Esprit-des-Lois. Saige fut nommé
maire de Bordeaux en 1791. Il était très riche; pour
cette raison, il fut guillotiné pendant la Terreur.
Le gouvernement de la Défense nationale s'étant
transporté à Bordeaux en 1870, Gambetta, chef de
ce gouvernement, logea à la Préfecture.

ALLÉES DE TOURNY ;

42. La plus belle promenade de Bordeaux. En 1744,
vers la fin de la première moitié du XVIIIe siècle.
C'est la plus belle promenade de Bordeaux. En 1744,
on y avait planté des ormeaux qui furent arrachés
en 1831. Les allées de Tourny ont été reconstituées
en 1925 par la plantation de quatre rangées d'acacias-
boules qui commencent à donner de l'ombrage.

43. **La maison Gobineau.** — Elle est universellement connue. Louis l'a bâtie de 1786 à 1790. Gobineau, le premier propriétaire, était conseiller au Parlement de Bordeaux.

44. Le monument Gambetta. — Œuvre du sculpteur Dalou. Aux pieds du grand tribun, deux groupes : *La Défense de la Patrie* et *La Sagesse soutenant la Liberté*. Ce monument a été inauguré le 25 avril 1905 par M. Loubet, président de la République. A la même place s'élevait une statue équestre de Napoléon III, renversée et jetée dans la Garonne après le 4 septembre 1870.

42. Les allées de Tourny.

45. Les Fontaines monumentales. — Elles ont été érigées en 1857-1858. Elles avaient figuré à l'Exposition universelle de Paris de 1853, et ont coûté 25.000 francs chacune. On les considère comme « des monuments hydrauliques des mieux réussis ».

46. La place des Quinconces. — Créée en 1818, elle occupe l'emplacement du Château-Trompette, lequel avait été construit par Charles VII, en même temps que le fort du Hâ et pour la même raison. La place des Quinconces s'étend sur plus de 12 hectares. Elle rivalise comme étendue avec la place de la Concorde, à Paris.

47. Le monument des Girondins. — Élevé en 1894-1895 à la gloire des Girondins, ce monument

n'a reçu encore aucune effigie des célèbres convention-
nels. La colonne est surmontée de la statue ailée de
la Liberté.

COURS DE VERDUN:

48. **Le Jardin Public.** — Il a une superficie de
11 hectares, la même que celle du parc Monceau, à
Paris. Il a été créé en exécution d'un arrêt du Conseil
du 15 janvier 1747. Les travaux furent terminés
en 1756.

47. Le monument des Girondins.

Sous la Révolution, le jardin prit le nom de Champ
de Mars. Le 5 avril 1808, Napoléon Ier partant pour
les guerres d'Espagne, passa, au Champ de Mars,
une revue des troupes réunies alors à Bordeaux,
et parmi lesquelles étaient trois colonnes de la grande
armée.

En 1858, le Champ de Mars fut disposé en parc
anglais, avec larges avenues, vastes pelouses, rivière,
cascades. Plus tard, son nom se changea en celui de
Jardin Public.

PAVÉ DES CHARTRONS:

Terre-plein planté d'arbres. Belle série de maisons
bourgeoises du XVIIIe siècle; les balcons en fer forgé
reposent sur des voussures.

49. Le Temple anglican. — Bâti vers 1844.

50. Les entrepôts de la Chambre de commerce. — Vaste bâtiment récemment agrandi et que bordent les rues Ferrère et Vauban et le cours du Pavé-des-Chartrons.

LES QUAIS :

A gauche, les pylones du pont transbordeur, qui doit relier les deux rives de la Garonne. Ces pylones ont 95 mètres de hauteur.

51. La Bourse maritime. — Construite en 1924. Elle est surmontée du « Fronton de l'Horloge » par Francin. La Bourse maritime est une copie fidèle de l'hôtel de la Bourse ; elle abrite les bureaux de la Fédération maritime.

52. Les Colonnes rostrales. — Ces colonnes, surmontées des statues en terre cuite du *Commerce* et de la *Navigation*, ont été élevées par l'architecte Poitevin en 1827 et 1828. Elles sont éclairées dès la chute du jour, et peuvent guider les pilotes entrant la nuit dans le port. Il y a dans chaque colonne un escalier à vis conduisant à la lanterne.

53. Place Richelieu. — La municipalité socialiste vient de donner à cette place le nom de Jean-Jaurès. Au centre de la place, la statue en bronze de Sadi-Carnot, président de la République, assassiné à Lyon, en 1894. Ce monument, inauguré le 13 septembre 1896, a été érigé grâce à une souscription du journal *La Petite Gironde*. Il est dû pour la statuaire à Barrias et pour l'architecture à Pascal.

54. Hôtel de la Bourse. — Construit de 1743 à 1749. Le fronton en façade sur la place de la Bourse représente *La Grandeur des Princes*. Le fronton regardant les quais figure *Neptune qui ouvre le commerce*. Le dieu barbu a le trident à la main. Ces bas-reliefs sont de Claude Francin.

55. Place de la Bourse. — C'était autrefois la place Royale (¹). Sa création fut décidée par arrêt

(¹) Voir le bel ouvrage *La Place Royale de Bordeaux*, par Paul COURTEAULT.

du Conseil d'Etat en date du 7 février 1730. Au centre, était la statue équestre de Louis XV détruite à la Révolution. Deux bas-reliefs qui ornaient le piédestal sont placés dans l'escalier de la Bibliothèque municipale.

56. **La fontaine des Trois-Grâces.** — Élevée en 1869, d'après les dessins de Visconti, architecte de Napoléon III. Elle a coûté 80.000 francs. Les trois

55. La place de la Bourse et la fontaine des Trois-Grâces.

Grâces personnifiées sont : Aglaé, Thalie et Euphrosyne. Lors de l'inauguration de la fontaine, on demanda au curé de la paroisse de venir bénir le monument. On lui prête cette réponse : « Je bénis les statues des saints, mais pas les seins des statues. »

57. **L'hôtel de la Douane.** —Bâti de 1735 à 1738. Dans le tympan du fronton regardant la place est sculptée *Minerve qui préside sur les arts et introduit le bon goût dans l'architecture et la sculpture.* Le bas-relief du fronton tourné vers la rivière figure *Mercure qui commerce avec la ville de Bordeaux.* Ces sculptures sont de van der Woort.

La Douane, la Bourse et la place qu'elles encadrent constituent un admirable spécimen de l'architecture civile au XVIIIe siècle. On le doit aux architectes Gabriel père et fils.

58. La porte Cailhau. — Commencée en 1493 ou 1494, cette porte s'achevait en 1495, au moment de la victoire de Fornoue. En raison de ce glorieux fait d'armes, les jurats décidèrent de placer la statue de Charles VIII, roi de France, dans une niche sur la porte Cailhau. Cette statue disparut à la Révolution.

59. La porte Bourgogne.

La porte Cailhau constituait jadis une défense de premier ordre. Elle est fort séduisante par sa décoration. On l'a appelée « porte Royale » parce que c'est là que les princes étaient accueillis par les autorités de la ville.

59. La porte Bourgogne. — Cette porte fut élevée en mémoire d'un fils de Louis XV qui avait reçu, dès sa naissance, le titre de duc de Bourgogne; on l'inaugura le 30 septembre 1751. Elle atteint 18 m. 60 de hauteur. La porte Bourgogne était autrefois reliée par deux guichets aux maisons de l'hémicycle. On la débarrassa de ces guichets, et on en fit un arc de triomphe en 1808, à l'occasion de la venue à Bordeaux du vainqueur d'Austerlitz.

60. **Fontaine de la Grave.** — Elle présente, sur un socle uni, une colonne cannelée brisée et surmontée de plantes retombantes, de jets et de glaçons. Cette fontaine, dont le dessin est de Gabriel, date de 1735. Elle débite de l'eau provenant de plusieurs sources, lesquelles furent réunies, en 1673, lors de travaux exécutés en vue du développement des quais.

61. **Le pont métallique.** — Edifié de 1858 à 1861 pour raccorder les réseaux des chemins de fer du Midi et de l'Orléans. Il y a, sur le côté nord, une passerelle pour les piétons. Cet ouvrage d'art fut construit, sous la direction de M. de La Roche-Tolay, par Paul Regnauld, ingénieur des ponts et chaussées, originaire de Paris.

Ce qu'il reste à voir pour les voyageurs indépendants.

Quai des Chartrons. — Il perpétue le souvenir de religieux, appelés Chartreux ou Chartros, qui s'y étaient établis.

Les entrepôts où se fait la mise en bouteilles de la célèbre marque *Rhum Négrita*, universellement connue, sont situés au 136, quai des Chartrons.

Hôtel de la Marine. — Sa construction fut décidée par les jurats en 1758.

Fontaine Fondaudège. — Édicule Renaissance renfermant une jolie statue de nymphe due à Coeffard de Mazerolles.

Ruines du Palais-Gallien, cirque romain (IIIe siècle).

Eglise Saint-Seurin. — La crypte remonte à l'an 1000. On y voit plusieurs tombeaux, entre autres celui de saint Fort, sur lequel on va poser les enfants pour qu'ils conservent la santé et deviennent robustes.

Allées Damour. — Elles sont établies en partie sur un cimetière gallo-romain. Au centre de la promenade, une statue martiale de Vercingétorix.

Hôtel Labottière. — Bijou d'architecture dû à Laclotte (1770 à 1773).

Les Boulevards extérieurs créés à partir de 1863.

Parc Bordelais, 24 hectares de superficie (don de Camille Godard). Ouvert au public en 1888.

Église Saint-Bruno. — Ancienne chapelle des Chartreux. La première pierre en fut posée en 1611.

La Chartreuse. — Vaste nécropole occupant l'ancien domaine des Chartreux; on commença à y enterrer en décembre 1792. Ce cimetière renferme un grand nombre de tombes célèbres.

Institution nationale des sourdes-muettes. — Œuvre de Thiac (1862-1869).

École supérieure de commerce et d'industrie. — 1869-1871. C'est aussi l'Ecole philomathique.

Le marché des Grands-Hommes. — De forme circulaire (1869).

Faculté de droit (1871-1874).

Église Sainte-Eulalie (XIIe siècle).

Fontaine Amédée-Larrieu. — Elle valut à son auteur, M. Verlet, la médaille d'honneur de sculpture au Salon de 1900.

Porte d'Aquitaine, à l'entrée méridionale de la rue Sainte-Catherine (1754).

Faculté de médecine et de pharmacie. — Bel édifice construit sur les plans de Pascal de 1880 à 1888. Dans la cour d'entrée, deux statues en marbre : *La Science,* par Barrias, et *La Nature,* par Cavelier. Sur la façade, les bustes de Bichat, Dupuytren, Jussieu, Laënnec et Lavoisier.

Halle des Capucins. — Élevée avec des ferrures provenant de l'Exposition de 1878 (marché de première main).

École de Santé navale (1890).

Institut zoologique (1905).

Abattoir. — Bâti après 1828 sur l'emplacement de l'ancien fort Louis dont la construction avait été ordonnée par Louis XIV.

BORDEAUX A VOL D'OISEAU

Le plus ancien texte qui parle de Bordeaux, celui du géographe grec Strabon, l'appelle « emporium », c'est-à-dire lieu de marché, entrepôt de commerce.

Le port était non point sur la Garonne, mais à l'intérieur même de la ville. C'était un havre formé par le ruisseau la Devèze — ou la Devise — et qui tenait en largeur à peu près l'emplacement compris entre les rues du Cancera et du Parlement. Au moment du reflux, les galères romaines et gauloises, chargées de marchandises remontaient la Devèze jusqu'à la rue Sainte-Catherine.

Burdigala, alors, n'avait pas de murailles. La cité s'étendait assez loin, et ses villas jetaient une note riante dans sa banlieue fertile ou richement boisée.

Le consul Tetricus prit la pourpre à Bordeaux en 268 et régna pendant six ans sur les Gaules, l'Espagne et la Bretagne pendant que Claude II gouvernait le reste de l'empire.

En 276, les Barbares s'emparèrent de Burdigala; ils saccagèrent ses monuments, et, parmi ceux-ci, le temple des Piliers-de-Tutelle, qui occupait une partie du sol où s'élève le Grand-Théâtre; le Palais-Gallien, les thermes du Mont-Judaïc, l'aqueduc qui amenait l'Eau Blanche au cœur de l'agglomération gallo-romaine.

Après l'invasion, la ville se replia sur elle-même. Une enceinte fut construite avec les débris des édifices renversés, et l'on eut le *castrum*, dont les limites peuvent être présentées par les cours du Chapeau-Rouge et de l'Intendance, les rues Vieille-Tour et des Remparts, le cours d'Alsace-et-Lorraine et le fleuve. Le havre de la Devise, englobé dans les remparts, communiquait avec la Garonne par la « Porte Navigera ».

Les lettres florissaient à cette époque. Ausone, précepteur de Gratien, écrivait de jolis vers sur la patrie gauloise. Un autre Bordelais, saint Paulin, évêque de Nole, faisait lui aussi apprécier la finesse de son esprit dans des poésies latines.

Au Ve siècle, les Burgondes, les Wisigoths et autres barbares envahirent la Gaule. La ville de Bordeaux fut de nouveau pillée, incendiée. Elle renaît de ses cendres, comme le Phénix, pour retomber, en 848, sous les attaques des pillards normands.

En 1137, le mariage d'Éléonore, fille de Guillaume X, dernier duc d'Aquitaine et comte de Poitiers, avec Louis VII le Jeune réunit l'Aquitaine à la couronne de France. A son retour de la deuxième croisade, Louis le Jeune divorce (1152). Dans sa requête en vue de la rupture, le roi de France avait déclaré « qu'il ne se fiait point à sa femme, et ne serait jamais assuré de la lignée qui viendrait d'elle ».

Éléonore se remarie quelques semaines plus tard avec Henri Plantagenet, qui monte sur le trône d'Angleterre, sous le nom de Henri II. Elle lui avait apporté en dot les belles provinces du Sud-Ouest; ainsi, Bordeaux passa, au XIIe siècle, sous la domination anglaise.

La ville était toujours enfermée dans l'enceinte romaine; mais, depuis longtemps déjà, le nombre des habitants s'étant accru, on avait dû tolérer la construction d'immeubles hors des murailles. Un faubourg, groupant les quartiers de la Rousselle, de Saint-Eloi et du Cahernan s'était formé, au sud de *castrum*. Il fut fortifié en 1173 par ordre du roi d'Angleterre Henri II. Une troisième et plus vaste enceinte s'éleva au XIIIe siècle.

Durant le Moyen Age, les relations avec l'Angleterre donnèrent au commerce bordelais une vitalité extraordinaire.

Les princes anglais séjournaient plus ou moins longuement dans notre contrée. Evoquons en particulier le souvenir d'Edouard Ier, que son respect des libertés parlementaires fit surnommer « le Justinien britannique »; notons aussi le Prince Noir qui vainquit le roi de France Jean le Bon à la bataille de Poitiers et le conduisit à Bordeaux où il le fit enfermer au doyenné de Saint-André; Richard II, roi d'Angleterre, né dans ce même doyenné, bâti sur une partie du terrain de la place Pierre-Laffitte.

Nous voici en 1453. Les Anglais sont écrasés à la bataille de Castillon, et cette victoire des troupes de Charles VII met fin à la domination britannique en Guienne.

Le roi de France accorda l'amnistie aux bourgeois, mais aux dépens de leurs privilèges. Il se réserva le choix du maire, de cinq jurats et du clerc de la ville. En outre, il assujettit à une surveillance inquisitoriale les Anglais qui venaient en Guienne acheter des vins. Privés de leurs droits politiques, atteints dans leurs avantages commerciaux, les Bordelais supportaient mal le joug de Charles VII. Celui-ci fit construire le Château-Trompette et le fort du Hâ. Ces citadelles étaient destinées autant à défendre la ville contre une entreprise ennemie qu'à mater les Bordelais, s'ils tentaient de se soulever.

Durant les temps modernes, de sanglants événements se déroulèrent à Bordeaux. En 1548, ce sont les troubles de la gabelle. Le connétable de Montmorency, envoyé à Bordeaux pour rechercher et punir les auteurs et complices de ces troubles, fait dresser des échafauds et des gibets. En une seule journée, cent cinquante personnes sont exécutées, entre autres le jurat Guillen de Lestonnac.

Mme Guillen de Lestonnac était allée, en pleurs, se jeter aux pieds de Montmorency pour demander la grâce de son époux. La beauté remarquable de cette femme parla plus au connétable que les larmes. Il exigea, pour accorder ce qu'on lui demandait, une condition infâme. Or, suivant une tradition, il aurait fait décapiter le jurat au moment où Mme de Lestonnac pensait avoir obtenu, par un odieux sacrifice, la liberté de son mari.

En 1649, lors de la Fronde, du Haumont, gouverneur du Château-Trompette, dut capituler devant l'attitude résolue des Bordelais.

En 1650, les troupes royales, sous le commandement du maréchal La Meilleraye, viennent assiéger Bordeaux. C'est en vain qu'elles tentent l'attaque par La Bastide. Les soldats de Louis XIV trouvaient à qui parler. Mazarin assistait, des hauteurs de Cypressat, à Cenon, aux opérations militaires. Devant la résistance opiniâtre des Bordelais, le ministre cardinal s'écriait dans sa langue maternelle : « Bella villa, mala pueblo » (belle ville, mauvais peuple).

Au XVIIIe siècle, les premiers coups de pioche sont portés dans les enceintes du Moyen-Age. Sous la haute administration des intendants Boucher, de Tourny, Dupré de Saint-Maur, la ville se transforme. On donne de l'espace, de l'air, de la lumière. On trace de grandes artères. On réédifie les portes Dijeaux, de Bourgogne, d'Aquitaine.

Gabriel élève la Bourse et la Douane, Victor Louis édifie le Grand-Théâtre, de magnifiques hôtels particuliers. Les élèves, les imitateurs de Louis font sortir de terre maints immeubles rappelant la « manière » du maître.

En 1748, Montesquieu publie l'*Esprit des Lois* qui est traduit dans toutes les langues d'Europe et qui, au dire de Villemain, « vivra autant que la langue française ». Une véritable révolution s'était produite dans le bâtiment. Un mouvement identique se manifestait dans les esprits, et ce fut la chute de l'ancien régime.

Il y avait, au débouché du cours de l'Intendance, sur la place Dauphine, une porte faite de grilles fixées à des pilastres. Cette porte est renversée, et les grilles deviennent des piques pour les sans-culottes.

Bordeaux envoie à la Convention une pléiade de jeunes et brillants avocats, épris des idées de tolérance, de justice, de liberté. Vergniaud, Gensonné, Guadet constituent le noyau du parti dit des « Girondins » dont la lutte émouvante avec les Montagnards reste une des grandes pages de l'Histoire.

La Terreur fait à Bordeaux de nombreuses victimes. Le conventionnel Tallien, « le tigre altéré de sang », envoyé à Bordeaux pour régénérer la ville, devient modéré sous l'influence de Thérésia Cabarrus, et sans doute aussi parce qu'il comprend que le règne de la violence et de l'iniquité ne peut être qu'éphémère. Robespierre est vaincu par Tallien, le 9 thermidor, et Lacombe, président de la Commission militaire de la Gironde, l'infernal pourvoyeur de la guillotine, est décapité à son tour place Nationale (place Gambetta), au milieu de l'allégresse populaire. La roche tarpéienne...

12 mars 1814. Lynch, maire de Bordeaux, va recevoir, au Pont-de-la-Maye, les troupes anglo-portugaises qui, sous le commandement du général Beresford, venaient s'emparer de la ville. Le duc d'Angoulême accompagnait cette colonne de soldats, et il était accueilli aux cris répétés de « Vive Louis XVIII ! » La ville se déclarait la première pour les Bourbons. Cependant, en 1830, elle renversait la pyramide qui se dressait place Nansouty et commémorait le retour de Louis XVIII sur la terre de France.

Nous arrivons à 1871. La capitale du Sud-Ouest devient le siège du gouvernement. La place de la Comédie est le lieu de rendez-vous d'une foule d'hommes illustres : Gambetta, Victor Hugo, Thiers, Garibaldi. Il appartenait à Bordeaux d'abriter encore le gouvernement en 1914...

Par ses beaux édifices civils ou religieux, par ses magnifiques promenades, par la riche ordonnance de ses larges voies, par la perspective de sa rade en demilune, Bordeaux séduit tout de suite l'étranger.

Les vins de Bordeaux ont porté loin le renom de cette ville; mais Bordeaux brille aussi par sa vie intellectuelle. Ausone — dont nous parlions en commençant — célébra *Divona*, fontaine fameuse aux eaux claires et fraîches; Montaigne, après avoir été maire de Bordeaux, songea à la rédaction de ses immortels *Essais*. Montesquieu fut un des précurseurs de la Révolution française. Le physiologiste Magendie, membre de l'Académie de médecine, exposa ses remarquables travaux sur le système nerveux. Catulle Mendès vint au monde sur les « Fossés », Rosa Bonheur, rue Duranteau; Édouard Colonne, rue Sainte-Catherine. Marcel Prévost aimait à promener « sur » Tourny ses pas de collégien. Camille Jullian, l'illustre historien, et de Porto-Riche, sous la coupole de l'Institut, ajoutent encore à la gloire de Burdigala.

TABLE· DES MATIERES

10.538. — Bordeaux. — Impr. GOUNOUILHOU, rue Guiraude, 9-11.

EAU MINÉRALE DES
ABATILLES
· ARCACHON ·
LA PLUS PURE DES EAUX DE TABLE
FOIE · REINS · ESTOMAC · INTESTINS